Deutscher Spurbuchverlag

Der Autor, **Horst Nägele**, Dr. phil., geboren 1934 in Stuttgart, ist seit den fünfziger Jahren für eine ökologisch stimmige Lebensqualität eingetreten und hat seitdem Yoga und Meditation praktiziert. Er leitete Volkshochschulkurse in autogenem Training, Yoga und Meditation.

Auf seiner ersten Indienreise, 1974/75, ist er durch den indisch-birmesischen Meditationslehrer S. N. Goenka in die Samatha- und Vipassana-Meditation eingeführt worden. Die Meditationspraxis ist in dem gleichfalls im Deutschen Spurbuchverlag erschienenen Band
„Die Heilkraft der Meditation“
VIPASSANA *WAS MICH BEWEGT
MEIN WEG * WUNSCHERFÜLLUNG eingehend beschrieben und bewertet.

Auf einer zweiten Indienreise, 1976/77, kann er seine Meditation vertiefen, in Bodh Gaya, bei dem Vipassana-Lehrer Acharya Anagarika Munindra, und in dem buddhistischen Felsenhöhlenkloster Wegirikanda in Sri Lanka.

Auf einer dritten Indienreise, 1979-81, begibt er sich in das tibetische Kloster Kopan in Nepal zu einer Lamrim-Unterweisung durch Lama Zopa Rinpoche und in die Himalaja-Klausur Tushita in Indien in ein Maha Anuttara Yogatantra-Retreat. In Dharamsala, wo es zu einer Begegnung mit dem Vierzehnten Dalai Lama, Tenzin Gyatso kommt, studiert er tibetische Medizin.

Horst Nägele

Die Heilkraft der Massage

YOGA SIKICHAI
Gesundheitsmassage

Anleitung zur Praxis

Deutscher Spurbuchverlag

Die Deutsche Bibliothek - CIP-Einheitsaufnahme

Nägele, Horst:
Die Heilkraft der Massage : Yoga-Sikichai-Gesundheitsmassage ; Anleitung zur Praxis / Horst Nägele. - Ungekürzte Ausg., 1. Aufl. - Baunach : Dt. Spurbuchverl., 1998
ISBN 3-88778-191-0

Die Ratschläge in diesem Buch sind vom Autor und vom Verlag sorgfältig erwogen und geprüft, dennoch kann eine Garantie nicht übernommen werden. Eine Haftung des Autors bzw. des Verlages und seiner Beauftragten für Personen-, Sach- und Vermögensschäden ist ausgeschlossen.

Ungekürzte Ausgabe
1. Auflage, September 1998

Postfach 20, 96148 Baunach. ISBN 3-88778-191-0
Titelbild Thomas Reinert, München
Illustrationen: Klaus Hinkel, Frigiliana

Energie ist unbegrenzt,

man muß aber wissen,

sie zu nutzen.

Sri Swami Joythimayananda
Des Autors Lehrmeister

Das Buch, das Sie in der Hand halten,

Die Heilkraft der MASSAGE
YOGA SIKICHAI GESUNDHEITSMASSAGE
Anleitung zur Praxis

will Instruktionen vermitteln, die an den Autor durch Sri Swami Joythimayananda, in dessen Ashram in Kalkudah, Sri Lanka, gegeben wurden.

Die YOGA SIKICHAI GESUNDHEITSMASSAGE ist in Indien zuhause, wo sie der Verfasser dieser Schrift kennen und schätzen gelernt und die einzelnen Handgriffe aufgezeichnet hat, so wie sie ihm vermittelt wurden.

Allgemeinverständlich werden mit den dokumentarischen Aufzeichnungen eines alten Wissens aus erster Hand Hinweise gegeben, die sich der erfahrene Praktiker wie der interessierte Laie zunutze machen können.

Inhaltsverzeichnis

Verzeichnis der Tafeln

Eine Warnung voraus

Massieren ist kein Gesellschaftsspiel. Es ist auch kein Heilmittel. Indessen kann für einen Heilungsprozeß eine sachgerechte Massage unter **gleichmäßiger** Einbeziehung der gezeigten Pressurpunkte befördernd wirken.

Auch sozusagen Gesunde dürfen sich **nicht öfter als einmal jede zweite Woche** einer vollständigen YOGA SIKICHAI GESUNDHEITS-MASSAGE, wie sie hier beschrieben ist, unterziehen.

Die nachstehend aufgezeigten Kunstgriffe dürfen nur mit der allergrößten Vorsicht und in einer Atmospäre der Geborgenheit angewendet werden, wobei der oder die Behandelnde auf alle Signale des oder der zu Behandelnden zu achten hat, um auf spezifische Bedürfnisse eingehen zu können. Der oder die Behandelte darf nach der Massage niemals unbeaufsichtigt bleiben.

Kranke müssen ihren Arzt konsultieren.

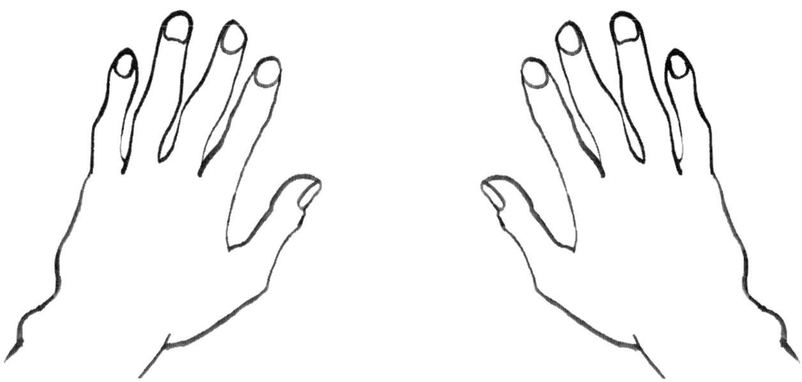

Was ist YOGA SIKICHAI GESUNDHEITSMASSAGE

YOGA SIKICHAI GESUNDHEITSMASSAGE ist Berühren und auch ein bald leichteres, bald stärkeres Drücken, um Blockierungen zu lösen.

Energien, die sich stauen, können schaden, wo sie nicht genutzt werden. Energien lösen sich, wenn fühlende Hände aus der Richtung des Kopfes den Füßen zu streichen. Durch Druck auf den genauen Pressurpunkt werden Energien frei, die sich auf die angesprochenen Bereiche auswirken. Wo es an Energien fehlt, können sie zugeführt werden, indem Ihre massierenden Hände von den Füßen weg zum Kopf hin gleiten.

Bei der YOGA SIKICHAI GESUNDHEITSMASSAGE geht man von drei Hauptmeridianen aus, mit 14 Zentren, 360 Verzweigungen und 72000 Punkten, die über unseren ganzen Körper verteilt sind und die auch als Reflexpunkte umschrieben werden. Unsere Hände sind voll Ladung, wir müssen sie nur zu führen verstehen. Dies erfordert ein klein wenig Training.

Trainieren Sie Ihre Hände

Lassen Sie einige Tropfen Massageöl aus dem bereitgestellten Fläschchen in Ihre Handflächen träufeln und reiben Sie diese ineinander, die Finger aneinandergeschlossen. Die Handflächen, ineinandergelegt, bewegen sich dabei in allen Richtungen und auch im Kreis herum. Dadurch wird Energie aufgeladen. Dieses Aufladen der Hände, das den Massagebewegungen vorausgeht, sollte auch separat immer wieder trainiert werden.

Ihre Finger können gestärkt werden durch Aufstützen der Kuppen der Finger auf einer harten Unterlage, als ob man den eigenen Körper abstemmen wolle. Ihre Finger sind dabei ein wenig gespreizt und gekrümmt, der Daumen befindet sich den anderen Fingern gegenüber. Doch bitte Vorsicht, nicht übertreiben, alles braucht seine Zeit!

Ziehen Sie anschließend mit der einen Hand der Reihe nach an den Fingern der anderen Hand, wobei die zu ziehenden Finger vom Mittelfinger der ziehenden Hand umhakt werden. Lassen Sie dann die Hände in den Gelenken kreisen.

Halten Sie die Hände, mit den Handflächen nach unten, waagrecht gestreckt nebeneinander und drehen Sie sie in der horizontalen Lage (welche beizubehalten ist) mit den Fingerspitzen voneinander weg. Ihre Daumen, die mit den Spitzen einander zugewandt sind, ändern ihre Position dabei nur wenig, während die Spitzen der anderen, ein wenig gespreizten Finger mit der rechten Hand nach rechts und mit der linken Hand nach links bewegt werden, um sich dann wieder, immer noch in der horizontalen Lage, aufeinanderzuzudrehen, bis die beiden Mittelfinger *eine* Linie bilden, wobei nun sich die Daumen voneinander entfernt haben. Diese Bewegungen sind mehrmals zu wiederholen.

Abschließend lassen Sie Ihre beiden Daumen im Uhrzeigersinn und entgegengesetzt dem Uhrzeigersinn kreisen.

Massieren

Während der Massage hat der oder die zu Massierende möglichst entspannt zu sein. Auch für Sie, der oder die Sie die Massage ausführen, ist eine gelöste Haltung wichtig. Ihre Handgelenke sollten ganz locker sein, insbesondere beim Klopfen (siehe später). Ihr Atem muß frei fließen können. Die Massagebewegungen verlaufen mit dem Atem, die langen von Ihnen weg verlaufenden Striche erstrecken sich auf eine einzige Einatmung, das Zurückgleiten der Hände entsprechend auf eine Ausatmung.

Massiert wird gewöhnlich mit den Fingerkuppen, mit den Fingernägeln, mit den Daumen, mit den Knöcheln Ihrer Fingergelenke, mit den Unterseiten Ihrer Handgelenke, mit den Handflächen, mit den Handkanten, mit den Ellbogen, mit den Unterarmen, mit den Fersen, mit den Zehen und mit den Fußsohlen.

Gang der Massage

Bei einer Vollmassage wird am Kopf begonnen. Der oder die zu Massierende liegt zuerst auf dem Rücken (*intensive Kopfmassagen* werden jedoch nach Möglichkeit im Sitzen entgegengenommen - siehe im folgenden). Vom Kopf aus wird die Behandlung auf der Vorderseite des Rumpfes und über die Beine zu den Füßen fortgesetzt. Anschließend legt sich der oder die zu Massierende auf den Bauch, damit in gleicher Weise die Rückseite des Körpers behandelt werden kann. Dies nennt man eine **Entspannungsmassage**, die stets mit einer Massage der Füße abschließt.

Eine andere Reihenfolge gilt für die YOGA SIKICHAI GESUNDHEITS-MASSAGE, deren Ablauf im folgenden dargestellt ist.

Kopf

Massagen am Kopf werden wie gesagt vielfach auch auf dem Rücken oder auf dem Bauch liegend empfangen. Für die hier praktizierte YOGA SIKICHAI GESUNDHEITSMASSAGE ist da indessen eine möglichst **entspannte Sitzstellung** angezeigt.

— Wie der oder die zu Massierende setzen auch Sie als der oder die Massierende sich bequem, hinter den Partner. Stimmen Sie sich ein und lassen Sie Ihre gut eingeölten Hände wie oben beschrieben (TRAINIEREN SIE IHRE HÄNDE) sich aufladen. Die Hände, geöffnet einander zugewandt, bewegen Sie im Einatmen etwas nach oben, um Energien „einzuschöpfen", die mit dem anschließenden Senken und gleichzeitigem Nachuntendrehen der Handflächen auf eine Ausatmung dem Partner vor Ihnen zugeströmt werden. Wiederholen Sie das zweimal.

— Treten Sie in Kontakt mit dem oder der zu Massierenden, indem Sie Ihre Hände mit sanfter Berührung an seine oder ihre Schultergelenke legen und dort ruhen lassen, bis diese Körperpartie vertrauend sich entspannt hat.

— Lassen Sie Ihre beiden Hände aus lockeren Handgelenken heraus ganz leicht mehrere Male an den Hinterkopf tippen, mit den Kuppen, zuerst der beiden Mittelfinger, sodann aller Finger zusammen und schließlich mit den Knöcheln Ihrer Fingergelenke über den ganzen Kopf weg, um Energien zu wecken.

— Die Kuppen der Finger Ihrer beiden Hände wandern in leichten, kreisförmigen Bewegungen über den Kopf. Wiederholen Sie den Vorgang mit den Knöcheln Ihrer Fingergelenke.

— Legen Sie die Finger Ihrer beiden Hände sacht an die Schläfen und lassen Sie die Hände nach oben herausschwingen. Fassen Sie einige Male ins Haar, um sanft daran zu ziehen.

— Vom Scheitel bewegen sich Ihre Hände nach beiden Seiten zum Nacken, von wo sie den Rücken hinuntergleiten.

— Setzen Sie die Kuppen der Finger Ihrer Hände auf beiden Seiten des Kopfes an den Haaransatz über den Ohren, um sie zur Mitte des Nackens zu ziehen und den Rücken hinuntergleiten zu lassen.

— Setzen Sie die Kuppen der Finger Ihrer Hände nochmals auf beiden Seiten des Kopfes an den Haaransatz über den Ohren, nehmen Sie den oberen Kopf in Ihre beiden Hände und drücken Sie gleichmäßig und behutsam.

— Nehmen Sie den vorderen und den hinteren Kopf in Ihre beiden Hände, wobei die Kuppen der Finger Ihrer einen Hand dicht vor, die Kuppen der Finger Ihrer anderen Hand dicht hinter dem Scheitelpunkt zu liegen kommen, und drücken Sie wiederum gleichmäßig und leicht. Umfassen Sie anschließend Scheitel und Kinn.

— Schließen Sie eine Ihrer Hände zur Faust, die Sie mit der fleischigen Unterseite dreimal sacht in der Scheitelgegend aufprallen lassen (bei Kindern zu unterlassen!)

Ohren

— Zupfen Sie, langsam und sacht, mit beiden Händen gleichzeitig die beiden Ohrmuscheln entlang, die sie sodann sanft in Ihre Handflächen nehmen. Lassen Sie die Handflächen auf den Ohrenmuscheln leicht rotieren.

— Auf beiden Seiten des Kopfes gleichzeitig tasten Ihre Mittelfinger behutsam über die gesamte Ohrmuschel und legen sich abschließend von unten her hinter die Ohrläppchen und drücken diese etwas stärker auf die Öffnung des Ohrs.

Gesicht

— Ihre Handflächen streichen leicht über das ganze Gesicht, auch über die (geschlossenen) Augen.

— Setzen Sie die Kuppen der Finger beider Hände auf die Stirnmitte. Ziehen Sie nach beiden Seiten gleichzeitig, Ihre Hände gehen nach oben und in Bögen zu den Seiten, um dann leicht auf den Schläfen zu kreisen.

— Bringen Sie Ihre Finger zur Stirnmitte zurück und führen Sie sie von da über die Nasenwurzel an den Nasenseiten entlang zur Mundpartie, um sie dort in gegenläufigen Kreisen um den Mund zu ziehen.

— Die Finger beider Hände führen, gleichzeitig, auf den beiden Wangen kurze, tiefere Kreisbewegungen aus, ziehen auf den Unterkiefern entlang zum Kinn, um dann ein paarmal auf das Kinn, auf die Wangen und leichter auf die Stirn zu klopfen.

— Greifen Sie das Kinn und dann die Wangen und streichen Sie nochmals über das ganze Gesicht.

Die 23 Pressurpunkte des Kopfes
(siehe TAFEL I, Seite 19)

Ehe Sie beginnen:
Zu den einzelnen Pressurpunkten sind auf den Tafeln I - IV die Bereiche vermerkt, auf die durch exaktes Treffen des Punktes eingewirkt werden kann. **Eine zielbewußte Behandlung muß Sache des Facharztes bleiben, welcher sich der Gefahren als der Folge falschen Eingreifens und einer Überstimmulierung stets bewußt sein wird.**

Wer sich einer YOGA SIKICHAI GESUNDHEITSMASSAGE unterziehen möchte, darf dies, wie oben angemerkt, auf keinen Fall zu oft tun. Einmal jede zweite Woche ist also reichlich für einen sozusagen gesunden Menschen. Kranke dürfehn wie gesagt nur von erfahrenen Spezialisten behandelt werden (siehe oben).

Bei einer Massage von sozusagen Gesunden - von anderem kann hier nicht die Rede sein - ist es wichtig, **daß dem gesamten Körper eine gleichmäßige Behandlung zuteil wird und daß auch die Pressurpunkte in ihrer Gesamtheit und je in gleichem Maße erfaßt, einige Sekunden und niemals länger, mehrmals gedrückt werden**. Dadurch können die angesprochenen Bereiche gekräftigt werden.

Im Anfang sind Sie vielleicht noch unsicher, ob Sie die richtige Stelle, den genauen Pressurpunkt gefunden haben. Die untrüglichen, eindeutigen Signale vom Partner werden indessen schnell ein sicheres Gefühl vermitteln.

Beginnen Sie

1) an beiden Seiten des Kopfes mit dem Punkt, der sich direkt hinter dem untersten Teil des Ohrs befindet, in der Vertiefung, wo Hals, Kiefer und Ohr aneinanderstoßen.Drücken Sie mit den Mittelfingern ganz leicht zu den Ohren hinauf.

2) Ertasten Sie mit Ihrem Daumen den Punkt,der sich in der Mitte zwischen Nase und Oberlippe befindet, und drücken Sie ein wenig fester von unten her der Nase zu.

3) Drücken Sie etwas schwächer, ebenfalls von unten nach oben, mit den beiden Mittelfingern, auf beiden Seiten des Gesichts auf den Punkt, der sich an der Verbindungsstelle von Ober- und Unterkiefer befindet.

4) In gleicher Weise drücken Sie auf beiden Seiten des Gesichts auf den Punkt, der sich in der Mulde unmittelbar an beiden Seiten des Nasenbeins befindet.

5) Bei den vier Punkten um jedes der beiden Augen herum ist äußerste Zurückhaltung geboten. Drücken Sie mit Ihren Daumen vorsichtig und schräg gegen die Knochen.

6) Ihre Mittelfinger drücken ganz leicht auf beiden Seiten des auf den Punkt an der Schläfe in der Höhe der äußeren Augenwinkel am Haaransatz.

7) Drücken Sie stärker, am besten mit dem Daumen, auf den Punkt zwischen den Augenbrauen, einen Finger breit oberhalb der Nasenwurzel.

8) Auf den Punkt direkt unter dem Haaransatz oberhalb der Stirn drücken Sie Ihren Mittelfinger oder Daumen.

9) Verfahren Sie ebenso mit den drei Punkten einen Fingerbreit hinter dem Haaransatz.

10) Gegen den Scheitelpunkt drücken Sie etwas leichter an (bei Kindern zu unterlassen!).

Pressurpunkte des Kopfes

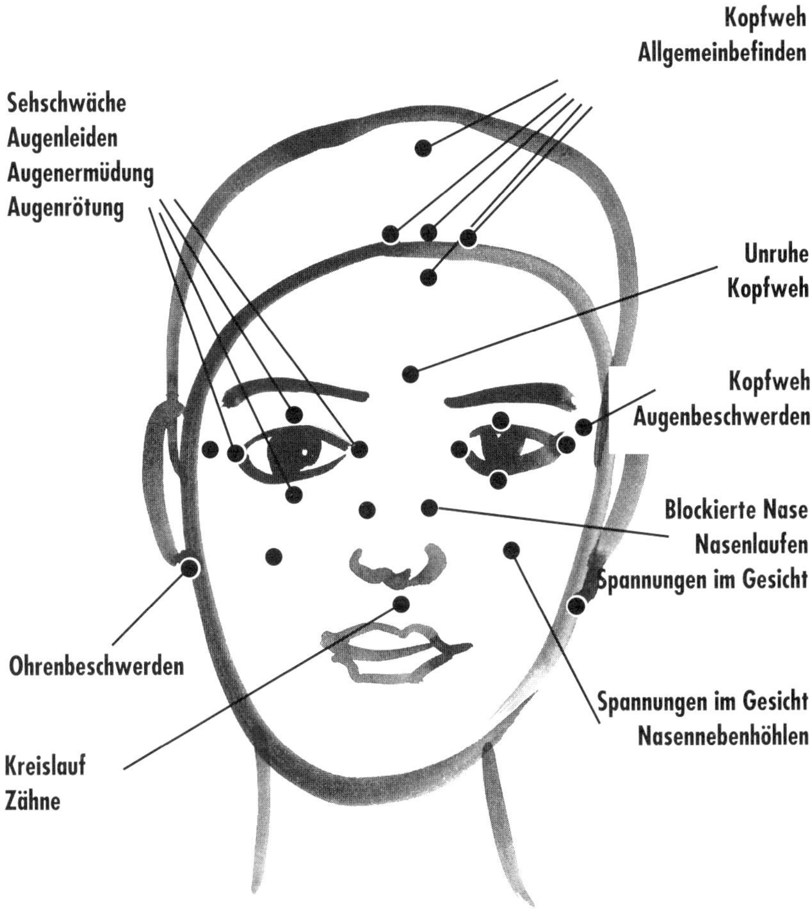

TAFEL I

Hals, Nacken

(der oder die zu Massierende in **sitzender** Stellung)

— Ziehen Sie in der Halspartie mit der ganzen, gut eingeölten Handfläche von unten nach oben, sparen Sie dabei die Kehle aus, und führen Sie dann die Mittelfinger in leichter Berührung in parallelen Bahnen den Hals vorne herauf.

— Ziehen Sie die Knöchel Ihrer Fingergelenke, fest aufdrückend, in parallelen Bahnen am Nacken herauf.

— Zum Abschluß streicht die Handfläche mit dem „V“ zwischen Daumen und übrigen Fingern auf und ab.

Die 4 Pressurpunkte am Nacken
(siehe TAFEL II, Seite 23)

1) Auf den Punkt in der Mitte des Nackens, am Haaransatz, am obersten Halswirbel, drücken Sie sehr vorsichtig Ihren Daumen.

2) Ebenso behutsam mit dem Daumen drücken Sie auf den Punkt daumenbreit unterhalb des obersten Halswirbels, in der Mitte zwischen Haaransatz und (hervorstehendem) Nackenwirbel.

3) Die beiden Punkte auf gleicher Höhe daumenbreit zu beiden Seiten vom letztgenannten Punkt werden mit den Daumen, gleichfalls mit größter Vorsicht, der Mitte zu gegen die Muskelpolster gedrückt.

Schultern

(der oder die zu Massierende in **sitzender** Stellung)

— Setzen Sie Ihre gut eingeölten Handflächen unterhalb des Nackens, und lassen Sie sie über die Schultern gleiten und um die Schultergelenke kreisen.

— Daumen und übrige Finger massieren an den Schulterblättern.

— Die Kuppen Ihrer Finger klopfen auf die Schulterblätter.
— Drücken Sie senkrecht von oben auf die Schultern, zuerst mit den Knöcheln Ihrer Fingergelenke, dann mit den Handkanten und schließlich mit den Ellbogen.

— Lassen Sie Ihre Handkanten von den Ohren über die Schultern die Arme hinuntergleiten.

— Gleichfalls mit den Handkanten klopfen Sie die Schultern.

— Zum Abschluß lassen Sie Ihre Handflächen vom Nacken noch einmal über die Schultergegend die Arme hinuntergleiten.

Die 2 Pressurpunkte in der Schultergegend
(siehe TAFEL III, Seite 25)

Auf den Punkt zwischen Hals und Schultern auf jeder Seite, mehr dem Arm zu, vor der obersten Wölbung des Muskels, der sich vom Nacken zur Schulter zieht, ist, mit beiden Daumen gleichzeitig, fest zu drücken.

Brustkorb

(der oder die zu Massierende **liegt auf dem Rücken**)

— **Setzen Sie sich oberhalb des Kopfes des vor Ihnen liegenden Partners** bequem und lassen Sie Ihre gut eingeölten Hände von der Schlüsselbeingegend drei- bis viermal, den Körperkonturen folgend, über den gesamten Brustkorb gleiten, um die Kuppen Ihrer Finger schließlich mit festem Druck auf die Oberarme des oder der zu Massierenden zu schieben (**umgehen Sie stets den Intimbereich der weiblichen Brust!**)

— Setzen Sie die Kuppen Ihrer Finger unterhalb des Nabels und ziehen Sie sie zügig zu den Flanken hin und von dort zu den Schultern herauf, von wo sich sogleich Ihre Daumen mit leichtem Kreisen der Längsachse von Brust und Bauch entlang zur Ausgangsstellung unterhalb des Nabels hinunterarbeiten. Dies dreimal.

— Nochmals gleiten Ihre Hände von der Schlüsselbeingegend über die gesamte Brustpartie, um sodann die Bauchmuskeln behende von den zur Mitte hin zu schieben.

— In der Bauchgegend beginnend ziehen Sie Ihre Handflächen, die Handgelenke voraus, die Finger gespreizt, die rechte und die linke Hand abwechselnd, von der Mitte nach beiden Seiten, in parallelen Bahnen körperaufwärts fortschreitend.

— Vom Ende des Brustbeins streichen Sie nach beiden Seiten das unterste Rippenpaar entlang und dann nacheinander die oberhalb folgenden Rippenpaare. Oben angekommen lassen Sie Ihre Handflächen sanft auf dem Brustbein zum Bauch hinuntergleiten, um sie zu den Flanken hin und wieder heraufzuziehen.

— Legen Sie die Unterseiten Ihrer Handgelenke oberhalb des Nabels und ziehen Sie sie vorsichtig über das Brustbein herauf. Wieder-

Pressurpunkte des Nackens

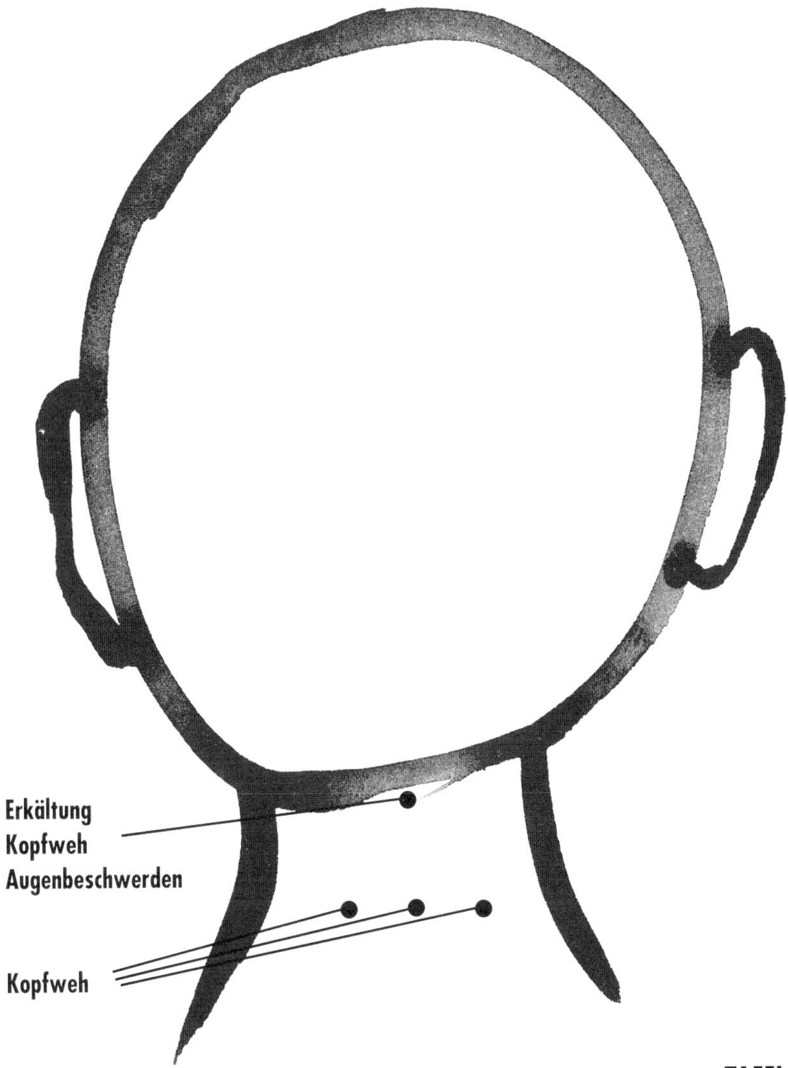

TAFEL II

derholen Sie dasselbe mit den Handflächen, zweimal, mit immer weniger Druck.

— Massieren Sie die Schultergelenke, beide gleichzeitig.

— Ziehen Sie Zeigefinger und Daumen vom oberen Teil des Brustbeins auf den Schlüsselbeinen nach außen, um sie dann auf die Oberarme mit festem Druck hinauszuschieben.

— Abschließend lassen Sie Ihre Handflächen noch einmal über die gesamte Brustpartie gleiten.

Die 5 Pressurpunkte in der Brustgegend
(siehe TAFEL IV, Seite 27)

1) Mit den Mittelfingern drücken Sie zu beiden Seiten jeweils auf den Punkt dicht unter dem Schlüsselbein, in derVertiefung an der Verbindungsstelle von Körper und Arm.

2) In der Mitte, in der Vertiefung zwischen den beiden Schlüsselbeinen ist ein Punkt, den Sie schräg von oben zur Mitte des Oberkörpers drücken.

3) Genau in der Mitte zwischen beiden Brustwarzen (bei Frauen ist dabei die Form der Brust zu berücksichtigen), auf dem Brustbein, haben Sie einen weiteren Punkt zu drücken.

4) Der Punkt am Ende des Brustbeins ist schräg zur Mitte des Oberkörpers zu drücken.

Pressurpunkte des Körpers -hinten-

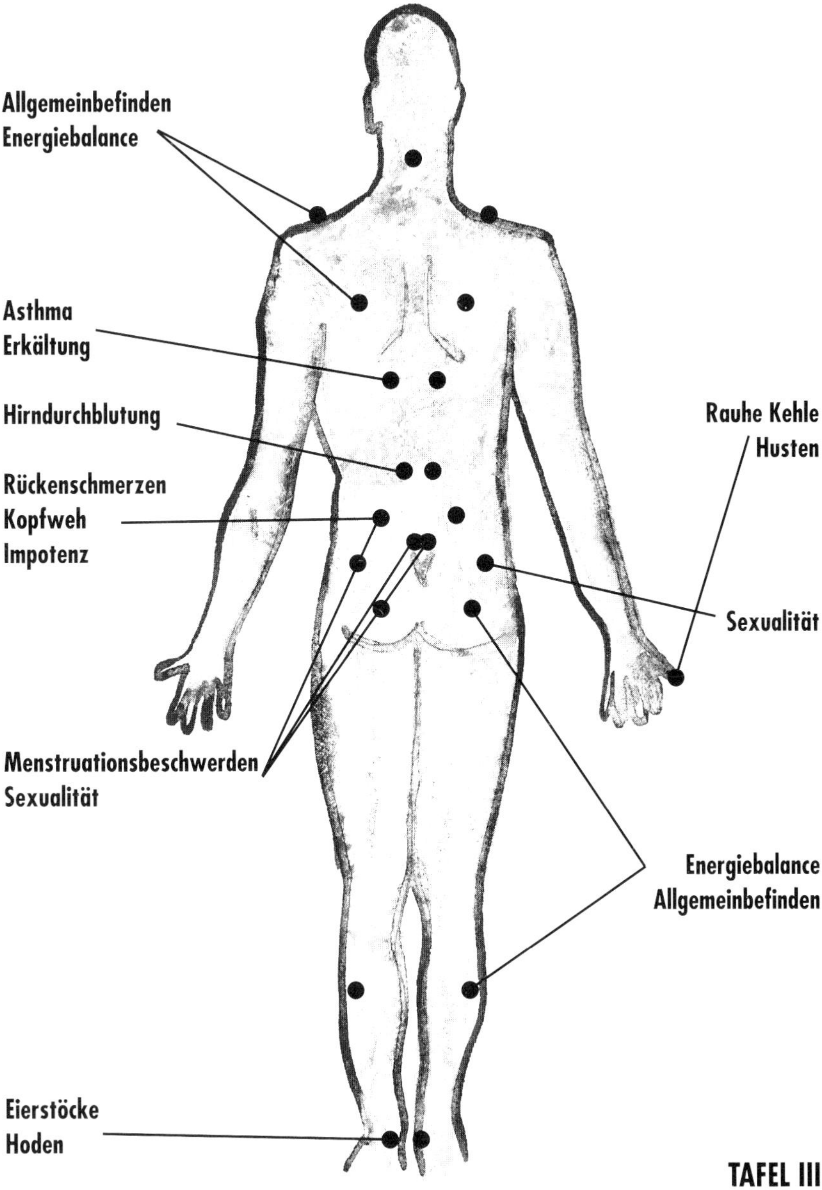

TAFEL III

Rücken

(der oder die zu Massierende **liegt auf dem Bauch**)

— **Setzen Sie sich am besten seitlich von dem oder der zu Massierenden** und führen Sie Ihre gut eingeölten Handflächen vom Nacken über den gesamten Rücken und wieder zurück zum Nacken, um schließlich die Kuppen Ihrer gespreizten Finger die Oberarme herunterzuziehen.

— Ziehen Sie Ihre Daumen je seitlich an der Wirbelsäule mit festem Druck herunter, bis zum Steißbein, im ganzen dreimal (Warnung: **Üben sie niemals Druck auf die Wirbelsäule aus**).

— Vom Steißbein wandern Ihre gespreizten Finger mit langsamem Kreisen über den Rücken, tasten sich zu den Schulterblättern, um die dann Ihre Daumen fest aufdrückend streichen.

— Bearbeiten Sie den Rücken nun mit Ihren Handgelenken, mit den Knöcheln Ihrer Fingergelenke, mit den Ellbogen und dann leicht mit den Handrücken.

— Ziehen Sie mit jeweils einem Ellbogen vom Nacken, vorsichtig, je seitlich an der Wirbelsäule herunter. Wiederholen Sie das mehrmals in zur Wirbelsäule parallelen Bahnen den Flanken zu, was Sie mit einem nochmaligen leichten Gleiten der Handflächen über den gesamten Rücken abschließen.

— Vom Nacken ziehen Sie die Kuppen der Finger beider Hände, mit stärkerem Druck, beiderseits der Wirbelsäule herunter. Wiederholen Sie das mehrmals in zur Wirbelsäule parallelen Bahnen den Flanken zu.

— Greifen Sie mit Daumen und übrigen Fingern nacheinander die Rückenmuskeln längs der Wirbelsäule und das weitere Muskelgewebe in parallelen Bahnen bis zu den Flanken.

Pressurpunkte des Körpers -vorn-

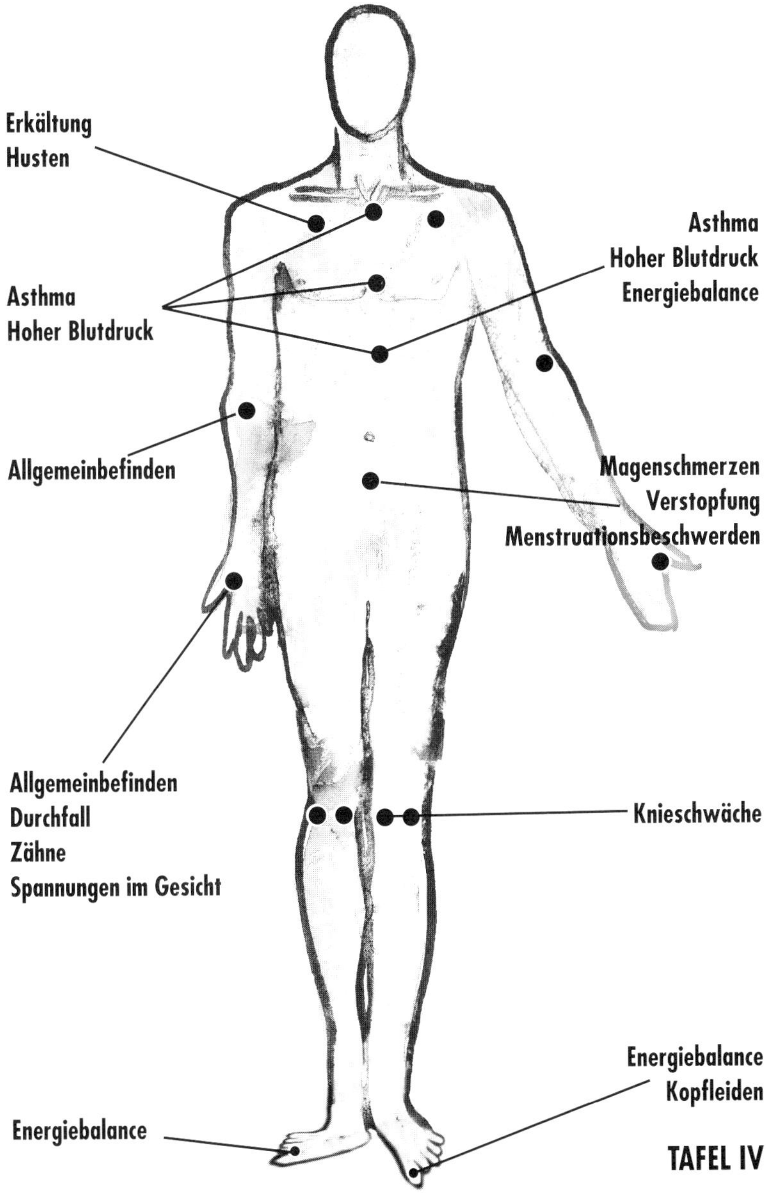

TAFEL IV

— Schieben Sie die Kuppen Ihrer Finger von den Flanken zur Wirbelsäule, mit etwas stärkerem Druck, aufeinander zu, beim Gesäß beginnend in parallelen Bahnen zum Nacken fortschreitend.

— Legen Sie den rechten Handrücken (unter Abwinkelung des Armes) des oder der zu Massierenden auf dessen oder deren Rücken (unter Umständen sind dabei die Schultern des Partners anzuheben) und lassen Sie Ihre Finger, dann Ihre Handkanten unter dem rechten Schulterblatt sich bewegen. Wiederholen Sie das, indem Sie den linken Handrücken des Partners auf dessen Rücken legen, um unter dem linken Schulterblatt zu massieren.

— Die Kuppen der Finger Ihrer beiden Hände krabbeln die Wirbelsäule herunter, sodann ziehen Ihre Daumen zu beiden Seiten der Wirbelsäule wieder hinauf. Insgesamt dreimal.

— Ziehen Sie die Knöchel Ihrer Fingergelenke fest aufdrückend von der Wirbelsäule zu den Flanken, beim Gesäß beginnend in parallelen Bahnen zum Nacken fortschreitend, um Ihre Fingerknöchel dann vom Nacken über die Schultern auf die Oberarme hinausgleiten zu lassen. Den Vorgang wiederholen Sie mit Ihren Daumen und dann noch einmal mit den Handflächen.

— Schließen Sie eine Ihrer Hände zur Faust, die Sie mit der fleischigen Unterseite ganz leicht in der Gegend der Wirbelsäule aufprallen lassen, Schritt für Schritt vom Nacken zum Steißbein.

— Lassen Sie die Unterseite Ihrer Faust über den gesamten Rücken weg behutsam aufprallen, um dann mit Ihren Daumen kurze, tiefe Kreise an beiden Seiten der Wirbelsäule aufwärts zu beschreiben.

— Noch einmal wandern die Daumen die Wirbelsäule aufwärts, wobei sie nun zu beiden Seiten jedes einzelnen Wirbels kräftiger nach unten drücken

Warnung:
Der Druck darf niemals auf die Wirbel ausgeübt werden!

— Mit den Handgelenken voraus streichen Sie abwechselnd Ihre Handflächen mit gespreizten Fingern von der Wirbelsäule zu den Flanken, in parallelen Bahnen körperaufwärts.

— Ihre Handkanten klopfen über den gesamten Rücken, im oberen Teil etwas stärker, nach unten mit Rücksicht auf die inneren Organe schwächer werdend.

— Zum Abschluß gehen Ihre Handflächen den ganzen Rücken hinauf und wieder herunter. Wiederholen Sie den Ablauf mit der Kuppe je eines Fingers, im Verlauf der Bewegung immer leichter werdend.

Die 8 Pressurpunkte auf dem Rücken
(siehe TAFEL III, Seite 25)

1) Drücken Sie mit Ihren Daumen jeweils auf den Punkt mitten auf den beiden Schulterblättern.

2) Drücken Sie mit Ihren Daumen auf die beiden Punkte, die jeweils zwei Daumenbreit seitlich vom Rückgrat und eine Handbreit über einer die beiden Ellbogen verbindenden Linie zu finden sind.

3) Drücken Sie mit Ihren Daumen auf die beiden Punkte, die jeweils einen Daumenbreit seitlich vom Rückgrat und knapp unter einer die beiden Ellbogen verbindenden Linie zu finden sind.

4) Drücken Sie mit Ihren Daumen auf die beiden Punkte, die ein bis zwei Daumenbreit seitlich vom Rückgrat und auf einer die Mitte der Unterarme verbindenden Linie auf dem oberen Ende des Beckens zu finden sind.

Gesäß

(der oder die zu Massierende **liegt auf dem Bauch**)

— Zuerst streichen Ihre gut eingeölten Hände über das gesamte Gesäß.

— Nehmen Sie mit beiden Händen die Gesäßmuskeln zwischen Daumen und übrige Finger, um sie durchzukneten.

— Die Knöchel Ihrer Fingergelenke beschreiben auf den Gesäßbacken tiefere Kreise. Wiederholen Sie den Bewegungsablauf mit Ihren Ellbogen, mit etwas Druck.

— Lassen Sie Ihre Hände von der Taille zu den Oberschenkeln streichen.

— In der Taille beginnend ziehen Ihre beiden Daumen von der Mittelachse zu den Flanken, in parallelen Bahnen bis zu den Oberschenkeln fortschreitend. Von hier aus dasselbe von den Flanken nach innen, in parallelen Bahnen in umgekehrter Richtung bis zur Taille zurück.

— Ihre Daumen beschreiben auf den Gesäßbacken kurze, tiefe Kreise.

— Ihre Daumen schieben sich Schritt für Schritt über das ganze Gesäß auf einander zu.

— Ihre Daumen durchzupfen die Gesäßmuskeln.

— In der Taille beginnend ziehen die Unterseiten Ihrer Handgelenke zu den Flanken, in parallelen Bahnen bis zu den Oberschenkeln fortschreitend. Von hier aus dasselbe von den Flanken nach innen, in parallelen Bahnen in umgekehrter Richtung bis zur Taille zurück.

— Ihre Handflächen gleiten nochmals über das gesamte Gesäß, mit einem abschließendem leichten Klopfen mit den Handkanten.

Die 7 Pressurpunkte auf dem Gesäß
(siehe TAFEL III, Seite 25)

1) Drücken Sie auf die beiden Punkte, die sich ein Fingerbreit oberhalb des Steißbeins, dicht nebeneinader, befinden.

2) Drücken Sie auf den Punkt auf dem Steißbein genau.

3) Drücken Sie auf jeder Seite auf den Punkt, welcher an der Stelle zu finden ist, wo beim Zusammenziehen des Gesäßbackens die Mulde entsteht.

4) Drücken Sie auf jeder Seite auf den Punkt, welcher auf der höchsten Stelle der Gesäßbacken zu finden ist.

Oberschenkel (hinten)

(der oder die zu Massierende **liegt auf dem Bauch**)

— Beginnen Sie mit dem rechten Bein, wo Sie Ihre gut eingeölten Hände ganz leicht vom Gesäß zu den Kniekehlen gleiten lassen, schieben Sie von da Ihre Handflächen etwas stärker aufdrückend wieder zum Gesäß hinauf (**umgehen Sie stets den Intimbereich!**).

— Beim Gesäß beginnend ziehen Ihre Hände quer zur Längsrichtung in gegenläufigen Bewegungen dicht aneinander vorbei, in parallelen Bahnen bis zu den Kniekehlen fortschreitend.

— Schieben Sie von hier in Längsrichtung Ihre beiden Daumen nebeneinander zum Gesäß hinauf. Nehmen Sie Ihre Daumen dann mit einem leichten Streichen zur Kniekehle zurück und beschreiben Sie gleichfalls mit Ihren Daumen kurze, tiefe Kreise zum Gesäß hinauf.

— Die Knöchel Ihrer Fingergelenke ziehen ein paarmal von der Kniekehle zum Gesäß und ganz leicht wieder zurück.

— Kneten Sie die Oberschenkelmuskeln von den Seiten der Mitte zu.

— Mit einer schnellen Bewegung schieben beide Hände, mit dem „V“ zwischen Daumen und der übrigen Hand, von der Kniekehle zum Gesäß. Ziehen Sie anschließend Ihre Handkanten ebenso schnell, doch ohne Druck, vom Gesäß zu Kniekehle.

— Lassen Sie die Kuppen der Finger Ihrer beiden Hände spiralförmig über den gesamten Oberschenkel wandern.

— Klopfen Sie mit den Handkanten das Muskelgewebe.

— Greifen Sie nacheinander das Muskelgewebe zwischen Daumen und den übrigen Fingern und lassen es vibrieren.

— Ihre Handflächen gleiten nochmals über den soeben behandelten Oberschenkel auf und ab.

Anschließend gehen Sie zum Oberschenkel des linken Beines, den Sie in gleicher Weise behandeln.

Unterschenkel (hinten)

(der oder die zu Massierende **liegt auf dem Bauch**)

— Wieder mit dem rechten Bein beginnend gehen Ihre gut eingeölten Hände abwechselnd die Wade entlang, von der Kniekehle zum Fußgelenk und von da sacht wieder zur Kniekehle.

— Beide Daumen nebeneinandergesetzt schieben sich vom Fußgelenk zur Kniekehle, dreimal.

— Kneten Sie das Muskelgewebe zwischen Daumen und Zeigefinger, vom Fußgelenk zur Kniekehle fortschreitend.

— Lassen Sie Ihre Daumen spiralförmig über die gesamte Wade wandern, gleichfalls am Fußgelenk beginnend zur Kniekehle hinauf. Von da streichen Sie Ihre Handkanten leicht zum Fußgelenk herunter.

— Mit wechselnden Händen lassen Sie die Knöchel Ihrer Fingergelenke vom Fußgelenk zur Kniekehle und von dort leicht wieder zum Fußgelenk gleiten.

— Greifen Sie mit wechselnden Händen die Wadenmuskeln, an den Seiten beginnend.

— Zupfen Sie das Muskelgewebe.

— Streichen Sie mit der ganzen Hand vom Fußgelenk zur Kniekehle und lassen Sie die Hand sacht zum Fußgelenk zurückgleiten.

— Legen Sie die eine Hand unter das Fußgelenk, die andere auf die Kniekehle und heben Sie vorsichtig den Unterschenkel, bis er aufrechtsteht, und lassen Sie ihn in beiden Richtungen im Kniegelenk langsam kreisen.

— Nehmen Sie den aufrechtstehenden Unterschenkel nahe dem

Fußgelenk zwischen Ihre Handgelenke und schieben diese quer zur Längsrichtung über die Wade auf einander zu. Wiederholen Sie das in parallelen Bahnen immer mehr der Kniekehle zu.

— Falten Sie Ihre Hände ineinander und schieben Sie sie vom Fußgelenk über die Wade zur Kniekehle hinunter, um dort zu verweilen.

— Klopfen Sie die Wade mit der Kante der einen Hand, während Ihre andere Hand das Fußgelenk hält.

— Lassen Sie die Kuppen Ihrer Finger über die Wade vibrieren.

— Legen Sie den Unterschenkel auf die Unterlage zurück und lassen Sie Ihre Hände abschließend von der Kniekehle über den Unterschenkel zum Fußgelenk gleiten.

Die gleiche Behandlung erfährt der linke Unterschenkel.

Füße, Fußsohlen

(der oder die zu Massierende **liegt auf dem Bauch** - *viele bevorzugen für die Fußmassage indessen die Rückenlage*)

— Nehmen Sie den rechten Fuß, streichen Sie Öl auf und bewegen Sie Ihren Daumen in kleinen Kreisbewegungen über die Oberseite des Fußes, ziehen Sie dann mit den Knöcheln Ihrer Fingergelenke auf und ab.

— Halten Sie mit der einen Hand die Ferse, um mit der anderen die *Zehen* nach unten und zurück zu beugen und sodann den *Fuß* locker nach oben und nach unten, nach rechts und nach links zu bewegen.

— Reiben Sie den Fuß an den Seiten und dann an den Zehen mit der Unterseite des Handgelenks und mit den Knöcheln Ihrer Fingergelenke.

— Reiben Sie sämtliche Zehen zwischen Ihren Handflächen (dies wird gegen Kopfweh empfohlen und kann **auch in der Selbstmassage** angewandt werden).

— Lassen Sie Ihre Handfläche auf der Fußsohle auf und ab gleiten und massieren Sie mit Ihrem Daumen **sechs Stellen**: die gesamte Ferse (mit nur leichtem Druck), einen Punkt ganz in der Mitte der Fußsohle und dann je seitlich einen Punkt, schließlich den Fußballen am großen Zeh und den am kleinen Zeh (siehe TAFEL V, Seite 37).

— Der Nagel Ihres Daumens oder eines anderen Fingers schlängelt sacht, oder falls der oder die zu Massierende es erträgt, etwas andrückend, an der Innenseite der Ferse beginnend, über die Fußsohle jeweils in ihrer ganzen Länge, auf und ab.

— Dasselbe quer zur Längsrichtung, ebenfalls an der Ferse beginnend.

— Wiederholen Sie all das, was Sie mit Ihrem Fingernagel soeben ausgeführt haben, mit der Kuppe eines Ihrer Finger und klopfen Sie anschließend mit den Knöcheln Ihrer Fingergelenke über die gesamte Fußsohle.

— Die Kuppen Ihrer Finger krallen in die fleischige Außenseite der Fußsohle, wobei der Daumen auf der Oberseite des Fußes ruht, um den Fuß so einige Zeit zu halten.

— Den Fuß auf die Unterlage zurücklegend lassen Sie Ihre Handflächen von den Zehen über den gesamten Fuß und über den Unterschenkel hinauf zur Kniekehle gleiten.

Auf die gleiche Weise behandeln Sie den linken Fuß.

Die 26 Pressurpunkte an Waden und Füßen (siehe TAFEL III, IV und V/ Seite 25, 27, 37)

1) Drücken Sie mit den Daumen auf jeweils den Punkt, den Sie auf den Waden, von der Mitte etwas den Flanken zu, finden.

2) Drücken Sie mit den Daumen auf jeweils den Punkt, den Sie wenig unterhalb des Fußknöchels auf der Innenseite, ein wenig zur Ferse hin finden.

3) Drücken Sie, nach Möglichkeit mit dem Fingernagel, auf sechs Punkte auf jeder Fußsohle: es sind dies der Punkt mitten auf der Ferse, der Punkt mitten auf der Fußsohle, jeweils der Punkt zu beiden Seiten dieses Punktes und schließlich der Punkt mitten auf dem Fußballen am großen Zeh sowie der Punkt mitten auf dem Fußballen am kleinen Zeh.

4) Nehmen Sie jeweils den vordersten Teil des großen Zehs zwischen Daumen und Zeigefinger und drücken Sie dabei auf einen Punkt, der dicht oberhalb des Zehnagels, etwas von der Mitte und den anderen Zehen zu, zu finden ist.

5) Je die Scheidepunkte zwischen allen Zehen nehmen Sie zwischen Daumen und Zeigefinger, um diese zu drücken.

Pressurpunkte der Füße

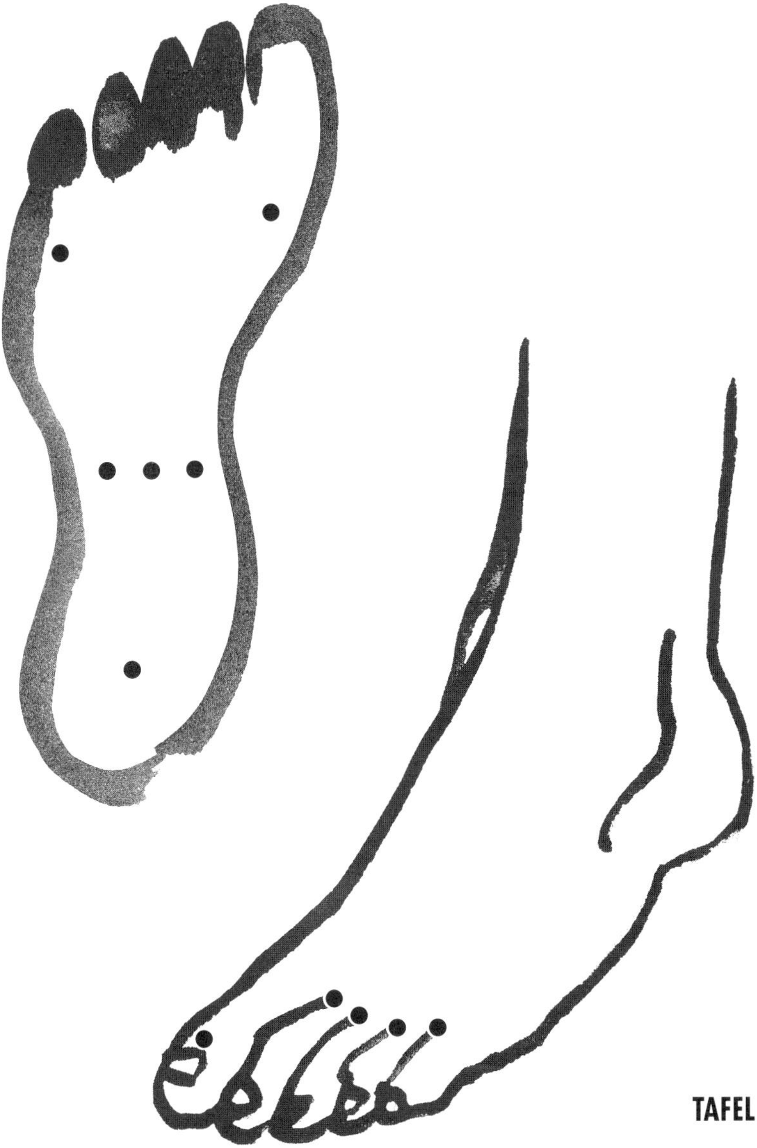

TAFEL V

Der oder die zu Massierende hat für die noch folgenden Massagen die Rückenlage einzunehmen:

Fußrücken

(der oder die zu Massierende **liegt auf dem Rücken**)

— Beginnen Sie wieder mit dem rechten Bein und lassen Sie Ihre gut eingeölten Hände leicht vom Knie über das Schienbein zum Fußrücken gleiten.

— Halten Sie mit der einen Hand die Fußsohle und ziehen Sie mit dem Daumen oder einem anderen Finger der anderen Hand behutsam die Furchen vom Fußgelenk zu den Zehen entlang.

— Nehmen Sie den Fußrücken zwischen Zeige- und Mittelfinger und lassen Sie diese vom Fußgelenk zu dem großen Zeh gleiten, den Sie, gleichfalls mit Zeige- und Mittelfinger, vom Ansatz her, etwas ziehen, drehen und schütteln. Abschließend ziehen die Finger ein wenig nach oben, um über die Zehenspitze herauszugleiten. Verfahren Sie in derselben Weise nacheinander mit den übrigen Zehen.- **Vergessen Sie nicht, jedesmal wenn Sie die Behandlung eines Zehs abgeschlossen haben, Ihre Hand auszuschütteln, damit negative Energien sich verflüchtigen.**

Den linken Fuß behandeln Sie in gleicher Weise.

Knie

(der oder die zu Massierende **liegt auf dem Rücken**)

— Ihre gut eingeölten Hände betasten behutsam das rechte Knie.

— Ihre Zeigefinger kreisen um die Kniescheibe.

— Zeige-, Mittel- und Ringfinger massieren rechts und links von der Kniescheibe (Warnung: **Auf den Kniescheiben selbst darf nicht massiert werden!).**

— Stellen Sie das Bein auf, indem Sie mit der einen Hand am Fußknöchel fassen und, um abzustützen, mit der anderen Hand unter die Kniekehle greifen, um das Bein so in die geeignete Stellung mit einem stumpfen Winkel in der Kniekehle zu bringen.

— Die Kuppen Ihrer Finger tasten sich vorsichtig in die Kniekehle und massieren leicht.

— Legen Sie das Bein in die gestreckte Ruhelage zurück und streichen Sie abschließend sanft über die gesamte Kniegegend.

Behandeln Sie das linke Knie in gleicher Weise.

Die 4 Pressurpunkte an den Knien
(siehe TAFEL IV, Seite 27)

Drücken Sie an beiden Beinen gleichzeitig auf die zwei Punkte jeweils dicht zu beiden Seiten des oberen Teils der Kniescheibe.

Oberschenkel (vorn)

(der oder die zu Massierende **liegt auf dem Rücken**)

— Stellen Sie das rechte Bein auf, indem Sie mit der einen Hand am Fußknöchel fassen und, um abzustützen, mit der anderen Hand unter die Kniekehle greifen, um das Bein auf diese Weise in die geeignete Stellung mit einem stumpfen Winkel in der Kniekehle zu bringen.

— Ihre gut eingeölten Handflächen streichen auf der Oberseite des Oberschenkels mehrere Male von den Knien zu den Hüften, zuerst langsam, dann schneller.

— Gleichfalls in der Längsrichtung auf der Oberseite des Oberschenkels schieben Sie Ihre Hände, die eine Hand vom Knie her, die andere vom Hüftgelenk her, mit dem „V“ zwischen Daumen und übrigen Fingern, in parallelen Bahnen auf einander zu.

— Abschließend lassen Sie Ihre Daumen über die gesamte Oberseite des Oberschenkels vibrieren.

— Legen Sie das Bein in die gestreckte Stellung auf die Unterlage zurück und lassen Sie Ihre Hände über den soeben behandelten Teil des Oberschenkels gleiten.

Stellen Sie nun das linke Bein auf und behandeln Sie den linken Oberschenkel auf die gleiche Weise.

Arme

(der oder die zu Massierende **liegt auf dem Rücken**)

Oberarm

— Ihre gut eingeölten Hände streichen von der rechten Schulter des oder der zu Massierenden leicht den ganzen rechten Arm herunter.

— Greifen Sie mit beiden Händen abwechselnd das Muskelgewebe des Oberarms.

— Reiben Sie mit den Knöcheln Ihrer Fingergelenke auf und ab.

— Schieben Sie Ihre Hände, mit dem „V“ zwischen Daumen und übrigen Fingern, in der Längsrichtung in parallelen Bahnen auf einander zu.

— Ziehen Sie Ihre Handkanten von den Ellbogen zu den Schultern.

Unterarm

— Schieben Sie Ihre Hände, mit dem „V“ zwischen Daumen und übrigen Fingern, in der Längsrichtung in parallelen Bahnen auf einander zu.

— Ziehen Sie Ihre Handkanten von den Handgelenken zu den Ellbogen.

— Ihr Daumen beschreibt über den ganzen Unterarm kurze, tiefe Kreise.
— Abschließend streichen die Knöchel Ihrer Fingergelenke von der Hand über den Ellbogen bis zu den Schultern hinauf.

Der linke Arm wird in gleicher Weise behandelt.

Hände

(der oder die zu Massierende **liegt auf dem Rücken**)

— Ihr Daumen reibt, am rechten Handgelenk des oder der zu Massierenden beginnend, über den ganzen Handrücken, wobei die Handfläche auf Ihren Fingern ruht.

— Bearbeiten Sie die beiden Seiten der Hand des Partners mit den Knöcheln Ihrer Fingergelenke.

— Legen Sie die Handfläche des Partners auf die Kuppen der Finger Ihrer Hand und ziehen Sie auf dem Handrücken Ihren Daumen vom Handgelenk entlang den Furchen zu den Fingern.

— Ziehen Sie nacheinander an den einzelnen Fingern des oder der zu Massierenden, wobei diese Finger von Ihrem Mittelfinger umschlungen werden.

— Fassen Sie mit Ihrer einen Hand den Unterarm des oder der zu Massierenden und falten Sie in dessen oder deren Finger die Finger Ihrer noch freien Hand, um die Hand des Partners im Handgelenk auf und ab und nach rechts und nach links zu beugen und zu kreisen. Ziehen Sie Ihre Finger dann mehrmals zwischen den Fingern des oder der zu Massierenden mit fester Hand heraus.

— Nehmen Sie zum Abschluß die Hand des Partners zwischen Ihren Daumen und Ihren übrigen Fingern, um die Finger der eigenen Hand sanft über die Finger der behandelten Hand gleiten zu lassen.

Behandeln Sie die linke Hand in der gleichen Weise.

Die 22 Pressurpunkte an Händen und Unterarmen
(siehe TAFEL III, IV und VI Seite 25, 27, 44)

1) Drücken Sie auf den Punkt in der Mitte auf beiden Handflächen.

2) Drücken Sie auf den Scheidepunkt zwischen Daumen und Zeigefinger an jeder Hand.

3) Drücken Sie nacheinander auf die Scheidepunkte zwischen den übrigen Fingern an jeder Hand.

4) Nehmen Sie nacheinander die vordersten Teile der Finger zwischen Ihren Daumen und Zeigefinger und drücken jedesmal den Punkt, der dicht oberhalb des Fingernagels zur Innenkante (Daumenseite) der Hand, beim Daumen indessen zu den übrigen Fingern der Hand hin zu finden ist.

5) Drücken Sie jeweils den Punkt, den Sie auf der Vorderseite des Unterarms, von der Mitte etwas nach außen, an der erhabensten Stelle unterhalb des Ellbogengelenks, finden.

Pressurpunkte der Hände

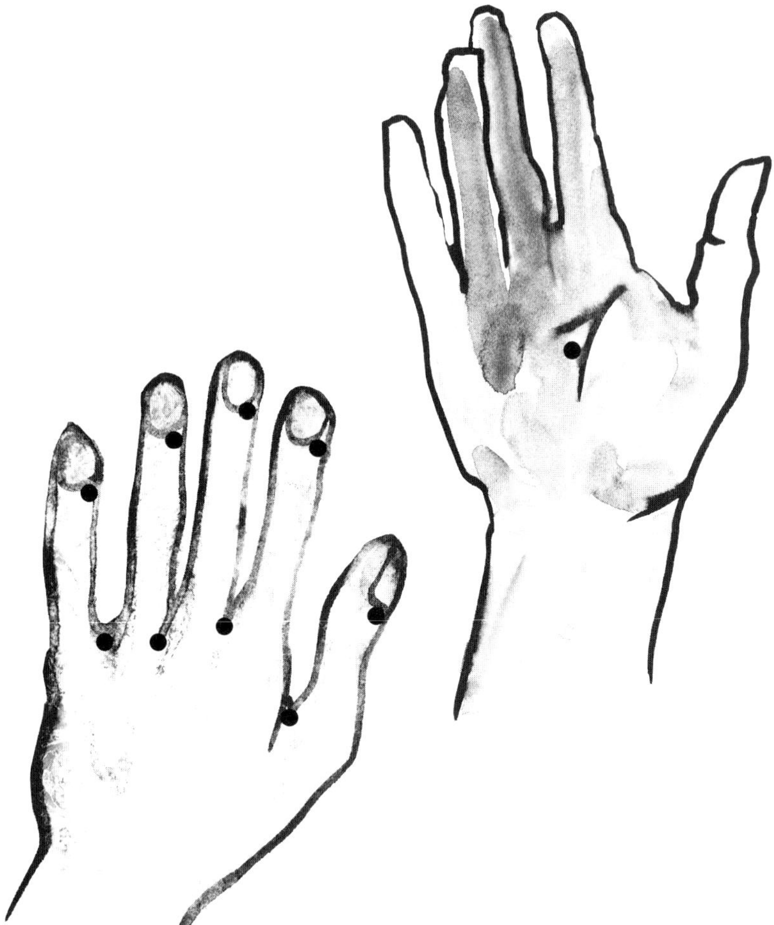

TAFEL VI

Bauch

(der oder die zu Massierende **liegt auf dem Rücken)**

— Ihre (gut eingeölten) Hände gleiten über die gesamte Bauchpartie.

— Mit aneinandergelegten Fingern kreisen Ihre Hände im Uhrzeigersinn auf der Bauchdecke, etwas aufdrückend, in der Gegend der Blase jedoch ohne jeglichen Druck.

— Greifen Sie schrittweise die Bauchmuskulatur, zunächst mit den ganzen Händen, dann mit Daumen und Zeigefinger, letzteres in schneller Abfolge.

— Streichen Sie mit Ihren faustförmig geschlossenen Händen von den Hüftgeleken zum Brustkorb, um die sodann offenen Handflächen wieder zurückgleiten zu lassen, in mehreren parallelen Bahnen.

— Ihre Hände gleiten - sie werden Abschied nehmend immer leichter - über die gesamte Bauchpartie, in parallelen Bahnen, und kreisen - noch leichter werdend - schließlich um den Nabel herum.

Der eine Pressurpunkt des Bauches
(siehe TAFEL IV, Seite 27)

Drücken Sie vorsichtig auf den Punkt, der ein bis zwei Daumenbreit unterhalb des Nabels zu finden ist.

Zum Abschluß

Der oder die soeben Massierte bleibt in der entspannten Rückenlage. Stellen Sie sein oder ihr linkes Bein auf, indem sie mit der einen Hand am Fußknöchel fassen und, um abzustützen, mit der anderen Hand unter die Kniekehle greifen. Setzen Sie seinen oder ihren linken Fuß dicht rechts neben seinem oder ihrem rechten Knie auf. Drücken Sie nun mit Ihrer einen Hand das aufragende linke Knie nach rechts herunter und drücken Sie mit Ihrer anderen Hand die linke Schulter auf die Unterlage. Wiederholen Sie den Vorgang, indem Sie den rechten Fuß des Partners dicht links neben dem Knie des sich nun in gestreckter Ruhelage befindlichen linken Beins aufsetzen, wobei Sie mit Ihrer einen Hand das hochgestellte rechte Knie nach links und mit der anderen Hand die rechte Schulter auf die Unterlage drücken (**bitte nicht übertreiben**!).

Dem hernach wieder ganz ausgestreckt auf dem Rücken ruhenden Partner setzen Sie von rechts auf seine oder ihre rechte Hüfte Ihren rechten nackten Fuß, und nun fassen Sie mit Ihren beiden Händen den rechten Arm des Partners und strecken ihn zu sich her, lassen den Druck Ihres Fußes einwirken. Anschließend setzen Sie von links Ihren linken Fuß auf seine oder ihre linke Hüfte, wobei Sie gleichzeitig mit Ihren beiden Händen den linken Arm des Partners zu sich her strecken. Lassen Sie den Druck Ihres Fußes einwirken.

Schieben Sie die Beine des Partners etwas auseinander, stellen Sie beide Beine wie oben beschrieben auf, so daß in den Knien ein fast rechter Winkel entsteht, und drücken Sie Ihre beiden Hände leicht auf die Innenseiten der gespreizten Oberschenkel nach außen zu. Drücken Sie dann die Unterseiten Ihrer beiden Handgelenke in die beiden Hüften des oder der Massierten. Legen Sie anschließend die Fußsohlen des oder der Massierten aufeinander, stützen Sie seine oder ihre Unterschenkel mit Ihren Beinen ab und lassen Sie Ihre beiden Hände, mit Druck, von den Hüften des Partners zu seinen

Knien und wieder zurück zu den Hüften wandern. Legen Sie dann die Beine des Partners in die gestreckte Ruhelage zurück.

Nun lassen Sie Ihre Hände über den gesamten Körper des oder der Massierten gleiten, dreimal. Beginnen Sie auf der Stirn, streichen Sie über das Haar nach hinten und gehen Sie über die Wangen, auf beiden Seiten gleichzeitig, zum Hals, lassen den Kopf des Partners leicht hinundhergehen. Ihre Hände streichen den Körper des oder der Massierten weiter entlang. Lassen Sie dabei seine oder ihre Schultern leicht vibrieren, bewegen Sie seine oder ihre Hände sanft hin und her, lassen Sie seine oder ihre Oberschenkel in leichte Bewegungen kommen, fassen Sie die gestreckten Beine an den Fußknöcheln und schütteln Sie etwas. Nehmen Sie die Zehen zwischen Ihre Handflächen und bewegen Sie sie behutsam. Streichen Sie abschließend von den Knien über die Unterschenkel des oder der Massierten und lassen Sie Ihre Hände über die Füße gleiten, dreimal.

Der oder die Massierte bleibt am besten noch einige Zeit entspannt liegen, während Sie Ihre Hände und Unterarme nach der abgeschlossenen Massage unter kaltes Wasser halten, um gleich wieder in der Nähe des oder der Massierten sein zu können.

Epilog

Die Welt entsteht, indem ich mich in andere Wesen versetze, mit ihnen fühle, mich mit ihnen freue, ihre Leiden miterleide.

(Buddhistische Wissenschaft. In: H. Nägele, Die Heilkraft der Meditation, Baunach: Deutscher Spurbuchverlag, 1997, Kap. 'Wunscherfüllung', S. 64)

Die YOGA SIKICHAI GESUNDHEITSMASSAGE muß wirken können. Die zum Abschluß eingenommene Rückenlage in der Entspannung sollte noch mindestens eine halbe Stunde beibehalten bleiben. Es gehört zu unserer Natur, wahrzunehmen, **was in unserem Körper auftaucht und in der Regel begleitet ist von Bildern, Vorstellungen, Gedanken** (siehe die praktische Anleitung zu einer gelösten Achtsamkeit in dem Band ***Die Heilkraft der Meditation: Vipassana - Was mich bewegt - Mein Weg - Wunscherfüllung***, Deutscher Spurbuchverlag, Baunach). Für den Rest des Tages wie auch für die Nacht hat für alle Fälle eine Person unseres Vertrauens erreichbar zu sein (siehe oben).

Die YOGA SIKICHAI GESUNDHEITSMASSAGE kann auch als **Partnermassage** ausgeführt werden, wo es sich um eine stabile Beziehung handelt. Wenn ich der massierende Part bin, erfühlen meine Hände deine Gestalt, dein Gesicht, deinen Körper und gleiten zu den Partien und den Punkten, die der Zuwendung bedürfen. **Intuitiv** verweilen die sich bewegenden Handflächen auf den energetisch unausgewogenen Stellen.

Falls angezeigt, kann ein geeignetes Verfahren von **Healing** mitwirken, die gewöhnlich unsichtbaren Energiefelder, welche die sichtbare Gestalt umgeben, weiter zu klären.

Wir sind uns selbst und anderen zum Heil,
wenn wir unsere Energien zu nutzen wissen.

Energien durchfließen uns.
Bewege dich mit ihnen
zu deinem und anderer Heil.

(YOGA SIKICHAI)

Weitere interessante Bücher aus dem Deutschen Spurbuchverlag

Aktiv und gesund durch die magischen Qigong-Kugeln

Dieses Buch ist als sorgfältige, umfassende und doch knappe Einführung in die Thematik der chinesischen Qigong-Kugeln gedacht. Immer mehr Menschen entdecken den eigenartigen Reiz dieser magischen Heilkugeln. Was können sie bewirken? Wie setzt man sie wirkungsvoll ein? Höting erläutert nicht nur die Geschichte der chinesischen Qigong-Kugeln, sondern erklärt ausführlich die Übungsziele und Wirkungsweisen.

Höting, Hans: **Aktiv und gesund durch die magischen Qigong-Kugeln aus China.**
Zahlreiche schwarz- weiß Zeichnungen, 48 Seiten, ISBN 3-88778-182-1.

Lachen als Medizin

Lachen ist so wichtig!
Lachen wälzt die Steine von der Seele und läßt uns wieder atmen. Lachen ist die sichtbargemachte Fröhlichkeit des Herzens. Lachen ist gleichzeitig auch die beste Medizin. Erfolgsautor Hans Höting beschreibt nicht nur heitere Anekdoten

aus seinem Praxisalltag. Gleichzeitig gibt er auch einen Funken Hoffnung weiter, daß es mit Humor letztendlich besser geht.

Höting, Hans: **Lachen als Medizin.** Besinnliches und Heiteres aus der Naturheilpraxis. Mit lustigen Zeichnungen von Heinz Zentner, 72 Seiten, ISBN 3-88778-190-2.

Die Heilkraft der Gedanken

Gedanken sind eine gewaltige Macht und können uns helfen auf dem Pfad zum Glücklichsein. Unser Inneres schafft die Voraussetzungen für unsere äußeren Lebensbedingungen. In diesem Buch werden die Möglichkeiten der Selbstheilung aus eigener Geisteskraft angesprochen.

Höting, Hans: **Die Heilkraft der Gedanken.** Kartoniert, 232 Seiten, ISBN 3-88778-194-5.

MC-Das Hörbuch

Die wichtigsten Passagen des Buches als Kassette. Vom Autor selbst besprochen; mit meditativer Musik.

Höting, Hans: **Die Heilkraft der Gedanken**. MC, 45 Minuten.

Die Heilenergie der Edelsteine

Die Faszination, die von edlen Steinen ausgeht, ist seit Jahrtausenden ungebrochen. Sie waren schon immer ein Zeichen für Unvergänglichkeit, Träger geheimer Kräfte und Symbole. Der Autor gibt Antworten und präzise Anwendungsanleitungen. Die 39 bekanntesten Edelsteine werden anhand ihrer wichtigen mineralogischen Klassifizierungsmerkmale vorgestellt. Die Steine wurden bezüglich ihrer möglichen Heilwirkung mit Hilfe der "Resonanzmeßmethode" untersucht. Die ermittelten Anwendungsbereiche sind aufgelistet.

Vorreiter, Gunther: **Die Heilenergie der Edelsteine.** Versuch einer naturwissenschaftlichen Deutung und Untersuchung. Vierfarbige Fotos, kartoniert, 192 Seiten, ISBN 3-88778-192-9.

Die Heilkraft der Meditation

Eine praktische Anleitung zum richtigen Erlernen meditativer Übungen. Das Buch zeigt die wichtigsten Hilfen in der Meditationspraxis und ist für Einsteiger konzipiert, die die häufigsten Fehler vermeiden möchten. Die gewählte Art der Meditation geht auf die Lehre des berühmten Gautama Buddha (um 560 bis 480 v. Chr.) zurück.

Nägele, Horst: **Die Heilkraft der Meditation**. 68 Seiten, ISBN 3-88778-193-7.

Baden-Powell - ein Familienalbum

Nicht überall kennt man den Gründer der Pfadfinderbewegung. Trotzdem hat er bis heute durch seine Ideen und sein Lebenswerk Millionen von Menschen beeinflußt.

Seine Lebensgeschichte gibt einen einmaligen Einblick in das Familienleben Robert Baden-Powells, den nur seine älteste Tochter Heather liefern kann. Bipi war nicht nur ein genialer Pädagoge, sondern auch ein liebenswerter Familienvater. Dieser unmittelbare Einblick ermöglicht auch ein besseres Verständnis der Pfadfinderidee.

Mit unveröffentlichtem Bildmaterial.

Baden-Powell, Heather: **Ein Familienalbum.** Format 25 x 22 cm, 160 Seiten mit über 120 Fotografien. Leineneinband und Schutzumschlag, ISBN 3-88778-176-X.

Yoga - ein Ja zum Leben

Dieses Buch begleitet Suchende auf dem Weg des Yoga. Es zeigt auf, wie ein richtig verstandener

und gelebter Yoga neue Erkenntnisse und Einsichten eröffnet und dazu beiträgt den Alltag positiv zu gestalten. Yoga ist Hilfe zur Selbsthilfe, die aus tiefen Quellen östlicher Weisheit schöpft und zu einem bewußteren und reicheren Leben führt.

Plattner, Gabriel: **Yoga - ein Ja zum Leben.** Fotos, kartoniert, 140 Seiten, ISBN 3-88778-201-1.

Die letzten Wandervögel

Das Buch beschreibt die Geschichte eines Jungenbundes, des Nerother Wandervogels, von den Ursprüngen bis in die heutige Zeit. Der Gedanke gemeinsam eine Jugendburg zu bauen, die Schwierigkeiten und Hindernisse, die gemeinsamen Welt-Fahrten und Abenteuer, das gemeinsame Singen ... Spannend und abenteuerlich bis zur letzten Seite.

Nehrom: Die letzten Wandervögel. Geschichte einer Jugendbewegung. Format 18 x 25,5 cm, 208 Seiten mit rund 200 Fotografien. ISBN 3-88778-197-X.

Die Vielfalt edler Steine

Eine schnelle Übersicht über alle im Welthandel befindlichen Edelsteinarten. Leicht verständlich geschrieben und übersichtlich geordnet, bietet das Buch auch dem interessierten Laien eine große

Hilfe beim Beginn einer aufregenden Mineralien-Sammlung. Die Geschichte der Mineralien ist ebenso beschrieben wie die vielen Möglichkeiten der Verarbeitung. Auch die Metalle für den Schmuckdesigner sind erwähnt.

Die Klassifikation nach den Kristallsystemen und Mineralklassen runden das Bild ab und werden ergänzt durch esoterische Möglichkeiten der Mineralienverwendung. Ein Verzeichnis der möglichen Indikationen und ein alphabetisches Verzeichnis bilden den Abschluß. Die Farbfotos und Zeichnungen machen jeden Leser zum Experten.

Schelhas, Dietrich: **Die Vielfalt edler Steine.** Handbuch für Fachleute und Sammler. Über 200 Farbfotos , kartoniert, 2oo Seiten, ISBN 3-88778-196-1.

Die sechs Heilenden Laute

Die sechs Heilenden Laute ermöglichen Krankheitsvorbeugung, Körperstärkung, Krankheitsbehandlung, Bewußtseinserweiterung. Die Erfahrung aus der Geschichte belegt das. Jeder kann diese Technik erlernen. Für jeden ist sie geeignet. Sie ist jederzeit bequem anwendbar. Die sechs Heilenden Laute sind eine Behandlungsart aus dem Bereich des Qigongs.
Sie entstammen so einer vieltausendjährigen Tradition der chinesischen Volksmedizin.

Höting, Hans: **Die sechs Heilenden Laute**, mit beiliegender Hörkassette. 120 Seiten, ISBN 3-88778-206-2.

Meditation

Der Verfasser, Psychologe und Naturarzt, schildert Probleme des täglichen Lebens und deren Hintergründe, die viele Menschen betreffen und belasten. Die Entfaltung der Persönlichkeit und des Bewußtseins werden ausführlich dargestellt. Das Buch erschließt einen Weg in die Welt der Mystik

und Spiritualität, durch den es möglich wird, die Ganzheit des Lebens zu erfahren. Das „Dritte Auge" und das „Transzendentale Ohr", als innere Sensorien, eröffnen Erfahrungen in faszinierende Dimensionen der Existenz. Gespräche des Verfassers mit Weisen und Meistern der Meditation in Indien, geben diesem Werk eine besondere Ausstrahlung.

Plattner, Gabriel: **Meditation. Der Innere Weg des Menschen.** 228 Seiten, mit farbigen Chakras, ISBN 3-88778-203-8.

Bitte fordern Sie unser Gesamtprogramm an!
Deutscher Spurbuchverlag,
Postfach 20, 96148 Baunach

Wasser

Dr. med. univ. Ivan Engler, Facharzt für Chirurgie, Facharzt für UChirurgie, war mit 33 Jahren Leiter der Traumatologie an der Universitätsklinik Bratislava/CSSR. Er war Hauptmann, Arzt und Leiter der Chirurgie bei den UNO-Truppen im Nahen Osten, denen im Jahr 1988 die Würde des Nobelpreises für Frieden zuteil wurde. Seit 1980 leitet Dr. I. Engler die international bekannte Ärzteforschung für Naturheilverfahren in Salzburg. Im Jahr 1980 führte er als erster die Behandlung mit partiell ionisiertem Sauerstoff in die Medizin ein und begründete die „ionisierte Sauerstoff-Intensiv-Therapie" (IO2ITh/H2O), die sich als eine ganzheitliche biologische Informationsbehandlung bei Therapeuten in der ganzen Welt bewährt hat. Nach eigenen Forschungen kam 1987 die originelle Wasseranwendung als integrative Methode hinzu.

Engler, Ivan: **Wasser**. Kartoniert, 288 Seiten, ISBN 3-88778-227-5.

Pfadfinden

Hinter dem Begriff „Pfadfinden" steht die Erziehungskonzeption einer weltweiten Jugendbewegung, die von dem Engländer Lord Robert Baden-Powell of Gilwell initiiert wurde. Das Buch geht auf die wesentlichen Elemente des pädagogischen Handlungsmodells der Pfadfinderbewegung ein. Im ersten Teil setzt sich der Autor mit den Erziehungszielen auseinander. Er geht im zweiten Teil auf die pfadfinderischen Erziehungsprinzipien, wie zum Beispiel „Erfahrungslernen" (Learning is Doing), „Gemeinschafts- und Selbsterziehung", „Orientierung an Werten und Normen" (Regeln) und die „Internationalität" ein. Im letzten Teil werden die spezifischen Arbeitsweisen und Aktivitätsprogramme thematisiert. Das Buch kann nicht nur Leitern in der Pfadfinderbewegung, sondern auch pädagogisch Interessierten wesentliche Impulse für eine zeitgemäße Erziehungsarbeit vermitteln.

Gerr, Hans E.: **Pfadfinden**. Kartoniert, 151 Seiten, ISBN 3-88778-222-4.